Nudo

მიშველი

Italiano-Georgiano

Libro illustrato bilingue per bambini

Richard Carlson

Suzanne Carlson

The author would like to thank the illustrator and translators for their help.

I miei due fratelli minori, Michael e Steven, ed io stavamo lottando in un'enorme, densa e profonda pozzanghera di fango nel nostro cortile. Poi, è arrivata l'ora di cena.

La mamma è entrata nel cortile sul retro e ha detto: "Spogliatevi che vi lavo".

მე და ჩემი ორი უმცროსი ძმა, მაიკლი და სტივენი, ჩვენს ეზოში უზარმაზარ, სავსე და ღრმა ტალახის გუბეში ვჭიდაობდით. შემდეგ კი, სადილის დრო დადგა.

დედა უკანა ეზოში გავიდა და გვითხრა: „გაიხადეთ ტანსაცმელი და მე წყალს გადაგავლებთ.“

Michael e Steven si sono tolti tutti i vestiti, ma io ho lasciato le mutande. "Togliti le mutande", ha detto la mamma.

მაიკლმა და სტივენმა მთელი ტანსაცმელი გაიხადეს, მაგრამ მე საცვლებში დავრჩი.

- გაიხადე საცვლები, - მითხრა დედამ.

Mi è venuto un nodo in gola. Sarah, una ragazza della mia età, abitava nella casa accanto.

Sarebbe stato già abbastanza brutto per una ragazza vedermi in mutande, figuriamoci vedermi nudo. Sentivo il cuore che mi batteva in gola.

ნერვიულობისგან მუცელში ყველაფერი დატრიალდა. სარა, დააახლოებით ჩემი ასაკის გოგონა, მეზობლად ცხოვრობდა.

არ იქნებოდა კარგი, გოგოს რომ საცვლებში ვენახე, შიშველზე რომ აღარაფერი ვთქვა. ვიგრძენი, როგორ მიცემდა ხახაში გული.

"Non voglio", risposi, accigliato e indicando la casa accanto alla nostra. "Sarah potrebbe vedermi nudo".

- არ მინდა, - ვუპასუხე წარბებშეჭმუხნულომა და მეზობელი სახლისკენ ვანიშნე. „შესაძლოა სარამ მნახოს შიშველი“.

"Va bene, puoi lasciartele addosso", ha risposto la mamma con un grande sorriso. Ho sentito il mio stomaco nervoso e tremante tornare alla normalità.

- კარგი, შეგიძლია დაიტოვო, - მიპასუხა დედამ ღიმილით. ვიგრძენი, რომ ნერვიული, აკანკალებული მუცელი კვლავ მწყობრში ჩადგა.

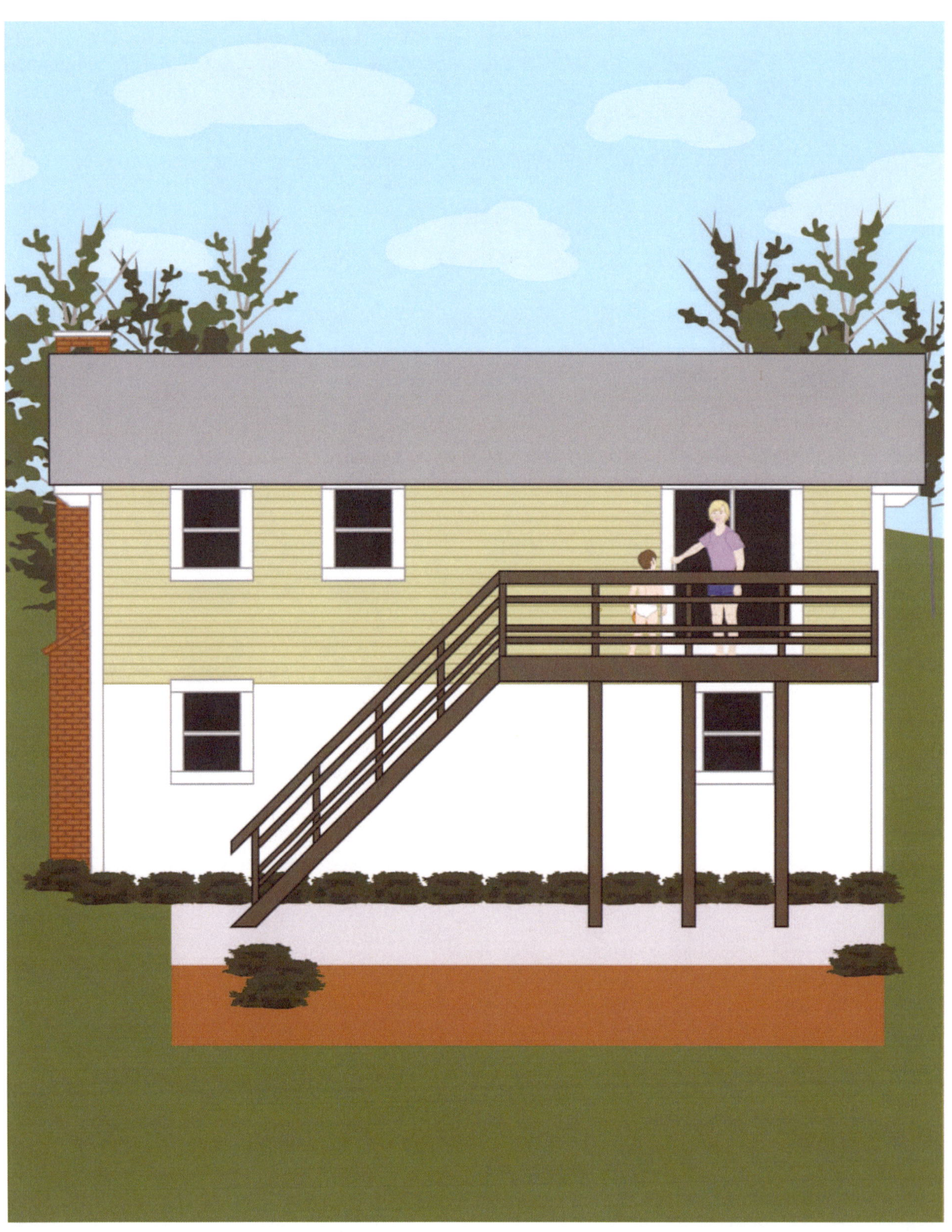

La mamma mi ha spruzzato per lavarmi, poi abbiamo salito le scale fino al pianerottolo e siamo entrati attraverso la porta scorrevole.

დედამ წყალი გადამავლო, შემდეგ კი კიბეებით ტერასაზე ავედით და გასაწევი კარიდან შიგნით შევედით.

Dentro, mi sono sentito al sicuro, allora mi sono tolto le mutande. I miei fratelli ed io andammo velocemente, nudi, nelle nostre camere da letto e ci vestimmo di fresco.

Sono così felice di aver detto alla mamma come mi sentivo!

შიგნით თავს დაცულად ვგრძნობდი, ამიტომ საცვლები გავიხადე. მე და ჩემი ძმები სწრაფად გავიქეცით საძინებლებში და ახალი ტანსაცმელი ჩავიცვით.

ძალიან მიხარია, დედას რომ ვუთხარი, თავს როგორ ვგრძნობდი!

Informazioni sul libro: Richard è un ragazzo molto timido, sensibile e fantasioso. Non c'è niente di più imbarazzante per lui di essere visto nudo da una ragazza. La mamma capirà la sua situazione e lo aiuterà a uscire dalla situazione scomoda in cui si trova? Basato su una storia vera accaduta a Stormville, nello stato di New York, USA, intorno al 1979.

L'autore: Richard Carlson Jr. è un autore di libri bilingui per bambini. www.richardcarlson.com

L'illustratrice: Suzanne Carlson, artista dotata di un talento poliedrico, si diverte a creare un'ampia gamma di progetti. www.suzannecarlson.com